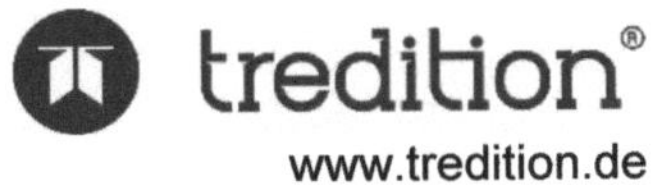
tredition®
www.tredition.de

AF382235

Helmut Essl

Der Herbst des Schwimmers

Ausgewählte Kolumnen

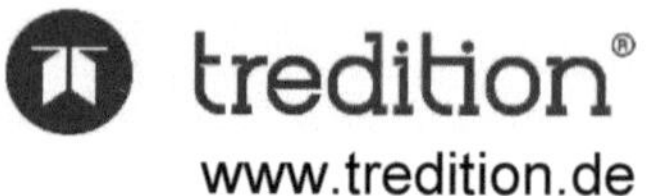

www.tredition.de

Verlag und Druck: tredition GmbH, Halenreie 40-44, 22359 Hamburg

ISBN
Paperback: 978-3-347-10972-8
Hardcover: 978-3-347-10973-5
e-Book: 978-3-347-10974-2

Inhaltsverzeichnis

Für H. S., den ich schätze.

Ich mag immer den Mann lieber, der so schreibt, dass es Mode werden kann, als den, der so schreibt, wie es Mode ist.

Georg Christoph Lichtenberg

____

I. Buntes Allerlei

Von Schleichern, Dränglern und Knallern

Das Problem ist ein klassisches, und der Konflikt zwischen Erleichterung und Schicklichkeit ist schon immer ein heftiger gewesen. Doch Elisabeth I. (1533-1603) zeigte hinsichtlich ihrer quälenden Koliken da keine Hemmungen: Die Lady-Cracker der damaligen englischen Königin genossen einen legendären Ruf.

1920 brachte die Stuttgarter Firma „Melo", wie Alfred Limbachs keckem Büchlein „Der Furz" zu entnehmen ist, unter dem Motto „Gesundheit macht Laune zu Schönem und Heiterem" einen „Geruchsverbesserer" auf den Markt. Dabei handelte es sich um ein sinnreich geformtes Röhrchen von sechs Gramm Gewicht, das wahlweise mit Rosen-, Narzissen- oder Maiglöckchenparfüm gefüllt werden konnte und für stolze 50 Mark zu haben war. „Bei Einsetzung des Glockenspieles" waren 25 Prozent mehr zu berappen.

Was aus dem Superzäpfchen geworden ist, verliert sich im Dunkel der Geschichte. Allerdings darf gemutmaßt werden, dass zumindest die umworbene schwäbische Kundschaft eher mit kostenlosem Mutterwitz – „Was koin Zins zahlt, muass direkt naus" – das plötzliche Aufkommen von heftigen Bauchwinden zu parieren wusste als mit einem tiefen Griff in den Geldbeutel.

Noch viel schlauer war freilich laut „Der Furz" der Franzose Joséph Pujol, der Anfang des 20. Jahrhunderts aus der übermäßigen Ansammlung von Stickstoff, Kohlendioxid, Schwefelwasserstoff und Methan im Magen-Darm-Trakt bestens Kapital zu schlagen wusste. Er trat im Moulin Rouge regelmäßig als Kunstbrummer auf, und das enthusiastische Gekreische des Publikums war noch in einer Entfernung von hundert Metern zu hören, wenn er „Au clair de la lune" mal staccato, mal maestoso oder mal andante „intonierte".

Apropos Kunst: Im ländlichen China ist es durchaus noch üblich, den Kochkünsten eines Gastgebers oder einer Gastgeberin auf besondere Art und Weise zu schmeicheln – nämlich durch die geräuschvolle Entlüftung des Darms. Und in Japan gilt nicht etwa ein plötzlich entwichener Windteufel als Fauxpas schlechthin, sondern das Schnäuzen bei Tisch.

Hierzulande ist das natürlich anders, aber durch dementsprechende Kautabletten sanft und elegant in den rektalen Griff zu bekommen, wenn durch zu viel geschluckte Luft beim hastigen Essen oder durch blähende Speisen wie Erbsen, Bohnen, Linsen et cetera der Gasgehalt im Magen-Darm-Kanal bis auf das Zehnfache anwächst. So ein Ding bei Bedarf eingenommen, und Schluss ist mit pestilenzialischen Schleichern, Dränglern und Knallern.

Die Kunst des Entenklemmens

Mal sind die Aktien im Keller, mal die Zinsen, auf der anderen Seite klettern die Strom- und Gaspreise ins Dachgeschoss. Was bleibt einem da noch anderes übrig, als auf gut Schwäbisch sein „Sach" zusammenzuhalten, bevor es unweigerlich den Bach runtergeht. Es sei dahingestellt, ob man durch Nichtausgeben wohlhabend wird; immerhin wird man dadurch nicht ärmer, denn was man behält, wahrt den Besitzstand, was man aber hergibt, hat man nicht mehr. Der Schwabe ist da von Natur aus im Vorteil, denn er gibt ungern etwas her – und sei es ein bloßes Entenei.

Wobei wir beim eigentlichen Thema sind, denn ein gekonnter Kniff in Daisy Ducks Hinterteil entscheidet darüber, ob sie aus dem Stall darf oder nicht. Nur die Kunst des Entenklemmens, übrigens wunderbar nachzulesen in Thaddäus Trolls „Deutschland deine Schwaben", vermag über wirtschaftlich turbulente Zeiten hinwegzuretten getreu dem Motto: „Gut geklemmt ist bestens gespart!" Nähern wir uns folglich mit Riesenschritten der alles entscheidenden Frage: Wie klemmt man gut?

Bleiben wir zunächst auf der Tierschiene. Wie ließen sich beispielsweise Katzenfutter, Katzenstreu und Miezes Tierarztrechnung bestens einsparen? Genau! Katze abschaffen, selber miauen! Protest ist völlig unangebracht, denn hier ein paar Euro einbehalten und dort gar keine rausgerückt – und schon macht's 'nen

Schein! Auch in puncto Bekleidung wäre was zu machen. Welche Hinterbliebenen haben sich, selbstverständlich nach angemessener Zeit, nicht schon einmal Gedanken darüber gemacht, wie mit den Anzügen des Verschiedenen zu verfahren sei. Mit dem diskreten Hinweis, man habe ja, welch Zufall, die gleiche Konfektionsgröße, ließen sich auf der einen Seite Raumgewinn und auf der anderen Seite Glückseligkeit erzielen.

Futura sunt veris clemmis – die Zukunft gehört den wahren Klemmern! Die gehen etwas später in die Kantine, begeben sich mit ihrem Tablett aber nicht zur Essensausgabe, sondern umkreisen mit sicherem Blick diejenigen, die schon am Kämpfen sind, um dann die erlösende Frage zu stellen: „Soll ich dir deine Restroulade abnehmen, bevor es dich zerreißt?" So lässt sich zum Nulltarif bestens der Magen füllen, und in dem Gefühl, dem Leben wieder einige Moneten abgeluchst zu haben, schmecken am Abend der Zwiebelkuchen vom Vortag sowie das abgelaufene und daher geschenkte Radler umso besser. Manchmal braucht es halt nicht viel, um überglücklich einschlafen zu können.

Exitus auf der Küchenlampe

Sage bloß einer, sie hätte keine Chance gehabt! Natürlich hat sie eine Chance gehabt, sogar mehr als eine, aber sie hat sie alle nicht genutzt! Sich dann aber auf die hell erleuchtete Küchenlampe zu setzen und stur darauf sitzen zu bleiben – welche Torheit! Buchstäblich gebettelt hat die Fliege um den finalen Schlag.

Aus dem Dunkel der Spätsommernacht kam es plötzlich angeflogen, dieses fette, schwarze Ekel. Es fand den schmalen Weg durch das spaltbreit geöffnete Küchenfenster und begann sofort, die Räumlichkeiten zu inspizieren. Knapp unterhalb der Flurdecke flog die Fliege eine kunstvolle Acht, im Arbeitszimmer zwei, im Wohnzimmer drei und im Schlafzimmer deren vier. Dort schien es ihr besonders zu gefallen – Schreck lass nach! Man stelle sich vor, sie landet, während man schläft, auf der Nase, krabbelt in das linke oder rechte Nasenloch, plumpst desorientiert nach unten in den Rachenraum, rutscht panisch geworden die Speiseröhre hinab, um dann im Magen zu landen. Und was macht sie dort? Fliegt eine Acht nach der anderen!

Kurzum: Die fliegende und krabbelnde Gefahr musste raus! Man wollte ja nicht gleich zur Klatsche greifen. Folglich wurde die Balkontür weit geöffnet in der Hoffnung, dass sich der ungebetene Gast prompt ins Freie begebe. Drei Minuten gewartet, fünf Minuten gewartet, doch der Flugakrobat blieb drinnen und setzte sich stattdessen tollkühn auf besagte Küchenlampe, nachdem er um dieselbe noch eine letzte Schleife gezogen hatte. Die Fliegenklatsche verwirbelte übungshalber zunächst etwas Zimmerluft, und dann hat's patsch gemacht. Gerächt hat sich das Getier schon, denn die angerichtete Sauerei war ordentlich.

Kleine Fluchten

Auf gewohnter Schiene dahingeglitten, und mir nichts, dir nichts dominiert die Alltagsnorm. Man ordert in der Stammkneipe sein Standardgetränk, kauft im Supermarkt sein Standardshampoo, macht sonntags seinen Standardspaziergang, bucht im Reisekatalog ein Standardzimmer, praktiziert beim Liebesakt seine Standard..., ach, lassen wir das, bringt beim politischen Streitgespräch seine Standardargumente und merkt vor lauter „Standard" gar nicht mehr, dass sich überall Verschnarchtes breitgemacht hat.

Wie wär's mit kleinen Fluchten aus ritualisierter Behäbigkeit? Sonntags nicht immer durch den Wald traben, sondern am Flussufer entlangspazieren? Oder beim Bäcker nicht immer auf das Wurstbrötchen zeigen, sondern auf den Gemüsekuchen? Oder im Stadtbus nicht immer stur sitzenbleiben, sondern mal den Platz anbieten? Und im Stadion bei Rückstand nicht immer in der Nase bohren, sondern mit den Fingern schnippen.

Ab und zu die Haare gegen den Strich gebürstet, und die Kopfhaut wird ordentlich durchlüftet!

Hui und pfui!

Vor 2000 Jahren schrieb der römische Dichter Vergil, immer sei „die Frau ein wechselhaftes und veränderliches Wesen". Und heute? Dasselbe, denn am MONTAG huscht sie am Schaufenster vorbei, aber Papageienschnabel, Kokosnuss und Segelschiff holen sie zurück. Diese Insignien exotischer Unbeschwertheit finden sich auf einer ausgestellten Sommerhose und lassen sie sofort von den Karibischen Inseln träumen. Bei genauem Hinsehen sind noch ein Seestern, eine Papaya und eine Orchidee auszumachen – und das alles auf weißem Grund. Dann gibt sie sich einen Ruck und geht doch weiter.

Am DIENSTAG steht sie ganz bewusst vor dem Schaufenster. Die ganze Nacht ist ihr die Hose durch den Kopf gegangen. Ziemlich bunt, ja ausgefallen ist diese Textilie schon, etwas Besonderes eben. Bei welcher Gelegenheit zieht man so etwas an? Welche Schuhe und welche Blusen passen dazu? Ist der Preis nicht zu hoch? Dennoch gefällt ihr diese wunderschöne Hose, aber in die Boutique gehen …?

Am MITTWOCH ist sie drin, hat die Hose an und steht vor dem Spiegel. Nicht zu lang, nicht zu kurz, nicht zu weit, nicht zu eng. Passt wie eine Eins! Die Verkäuferin säuselt routiniert: „Nichts Alltägliches, nichts Gewöhnliches, nichts Gängiges!" – „Aber der Preis!" – „Ich bitte Sie: bei der Qualität!" Die so Überzeugte verlässt beschwingt mit einer Tüte unter dem Arm die Boutique.

Am DONNERSTAG kommen die ersten Zweifel. Ins Büro kann sie die Hose nicht anziehen und ins Kino und ins Theater auch nicht. Zu paradiesvogelhaft! Bestenfalls in den Sommerurlaub mitnehmen, aber da trägt sie eher kurz. Was feixt der Gatte? „Aloha am Chiemsee!" Nicht doch! War das wirklich ein Fehlkauf – zu spontan, ziemlich unüberlegt?

Am FREITAG stöbert sie, natürlich ganz unverbindlich, nach etwas Funktionellem. Die Gelegenheit ist günstig, denn eine andere Verkäuferin ist zugange. Vielleicht lässt sich etwas Alltägliches, Gewöhnliches, Gängiges finden, das sie zu jeder Gelegenheit anziehen kann. Ohne Schnabel, Nuss, Schiff, Stern, Frucht und Blume. Nicht paradiesvogelhaft. Tatsächlich lässt sie sich eine italienische Markenjeans zurücklegen. Auch teuer!

Am SAMSTAG dann die Umtauschaktion. Ob der Differenz springen noch Söckchen heraus, ganz besondere, keineswegs gewöhnliche, jeweils mit aufgestickter Ananas. Ein wenig Karibische Inseln, aber nicht zu auffällig. Nur ganz kurz zum Träumen.

Falsches Denken

Beklage man sich nicht, wenn sich ein paar Wölkchen unter die Sonne schieben und das Sommerblau verzieren. Im November hat man davon geträumt, als einem das Permanentgrau mächtig auf die Stimmung schlug.

Stöhne man nicht, wenn die Sonne wieder zornig herabsticht und die Haut brennen lässt. Im Dezember hat man davon geträumt, als der kalte Ostwind einem die Tränen aus den Augen trieb.

Fluche man nicht, wenn sommers das Wageninnere zur Sauna mutiert und den Schweiß aus den Poren zieht. Im Januar hat man davon geträumt, als man morgens das Eis von der Windschutzscheibe kratzte.

Schreie man nicht, wenn man sich im Sommerurlaub im heißen Sand die Fußsohlen anschmort. Im Februar hat man davon geträumt, als in der heimischen Wohnung plötzlich die Fußbodenheizung ausfiel.

Es scheint so, dass Schopenhauer recht hat: „Wir denken selten an das, was wir haben, aber immer an das, was uns fehlt.“

II. Gang durch die Stadt

Bucklig

Es hätte in der Neckargasse sein können oder in der Marktgasse. Es hätte sich auch in der Neuen Straße zutragen können oder in der Langen Gasse. Ebenfalls denkbar gewesen wäre es in der Neckarhalde oder auf der Burgsteige. Aber es geschah tatsächlich in der Hirschgasse auf den letzten Metern Richtung Marktplatz.

Zwei betagte Mitbürgerinnen hielten dort kurz an, verschnauften ein wenig, kamen spontan ins Sinnieren, und die eine brachte es gegenüber der anderen, lapidar und universell zugleich, vortrefflich auf den Punkt: „Tübingen ist doch recht bucklig!"

Da dies in der Tat so ist und es zu bestreiten eine glatte Lüge wäre, böte sich des Öfteren und in aller Höflichkeit eine herzliche, Generationen übergreifende Einladung zum sich Unterhaken an!

Stilles Glück im Altstadtwinkel

Dieser wunderbare Platz hinter dem steinernen Monument traditioneller Sinnstiftung! Früher quiekten dort die Ferkel, waren Kauf und Verkauf angesagt, heute ist es ein Ort der Kontemplation, ein kleines Reich der Ruhe. Die Prankenhiebe des Zeitgeists wie Smartphone-Manie und Dauerhektik treiben einen aus den Zentren der Lebhaftigkeit an diese Stätte der Beschaulichkeit. Wasser plätschert sanft im grob behauenen Brunnen, und melancholische Orgelklänge gelangen trotz dicker Mauern noch ans Ohr.

Das Geviert duckt sich unter Schatten spendenden, knorrigen Bäumen, Grün schiebt sich zaghaft durch Bodenritzen, im Holz der Bänke sind die Namen der Herzallerliebsten verewigt, und die aus der Zeit gefallenen Laternen dienen wohl mehr der Romantik als der Helligkeit, wenn sie zu gegebener Zeit angehen. Die Häuser drum herum komplettieren das Idyll.

Wilder Wein und Efeu klettern über rissiges Gemäuer gen Gesims, ein Birnbaum und ein kunterbunter Blumengarten verzieren die Gebäudefront. Roh gezimmerte Bänke vor den Eingängen und irdene Krüge lasse auf südliche Gepflogenheiten schließen, und manchmal zeigt sich eine scheue Schöne kurz am offenen Fenster. Keiner stört, wer vorbeikommt, huscht über den Platz, als wüsste er um die Ruhebedürftigkeit des Verweilenden.

Werther hätte hier ein weiteres „Lieblingsplätzgen" gefunden, so wie der Garten des „verstorbenen Grafen von M .." ihm eines war für einen Wimpernschlag stillen Glücks. Selbst der Glasperlen spielende Magister Ludi Josef Knecht hätte sich hier im „kastalischen" Altstadtwinkel verirren können. Shakespeare heiter könnte man auch an diesem Ort spielen, wo sich nach einigen Irrungen und Wirrungen die Paare schließlich in die Arme fallen. Wie man dahin kommt? Das möchte ich jetzt noch nicht verraten!

Mann, oh Mann!

Die Ziegeldächer flirren, das Erdbeereis zerrinnt zwischen den Fingern, und das männliche Geschlecht bietet eine gnadenlose Horror Picture Show. „Kurz" ist angesagt! Nichts gegen Shorts, aber wenn sie höchst Unvorteilhaftes freilegen, dann leidet das Auge. Nichts gegen Shirts, aber wenn sie einen Bierbauch zu ummanteln versuchen, dann wird es dramatisch. Versuche doch mal einer, eine Wassermelone in eine Brezeltüte zu quetschen. Das wird nichts!

Manch wackeres Mannsbild versteht sich zudem als textiles Gesamtkunstwerk. Die Shorts kariert, das Shirt knallig gestreift, die Socken feuerrot und die Sandalen durchgelaufen – so schlurft die Männerwelt durch die Gassen, weshalb die Damenwelt einen kollektiven Schrei ausstößt. Mann, oh Mann!

Wenn dann noch einer versucht, statt des Shirts Marlon Brando in der Rolle des Stanley Kowalski unterhemdenstark zu kopieren, dann ist Endstation Outfit erreicht. Zum Glück bleibt – wow! – das weibliche Kontrastprogramm: der Mini! Frau ist diesbezüglich klug genug, ihn nur zu tragen, wenn sie ihn tragen kann.

Nabelschau

Anatomisch gesehen ist es eine narbig verwachsene Grube, die nach dem Abnabeln und Abfallen des Nabelschnurrestes zurückbleibt. Frei nach dem ehemaligen Bundespräsidenten Heinrich Lübke hat jeder Mensch also nicht nur eine Mutter, sondern auch einen Bachnabel. Aber nicht jeder pierct ihn und stellt ihn öffentlich zur Schau, wenn die magische Hand der Sonne im Lauf der Jahreszeit die Jeans nach unten und das Shirt nach oben zieht.

Männer dürfen das eh nicht, weil in deren Nabel immer Fusseln drin sind. Die holde Weiblichkeit muss aber aufpassen, dass ihr kein Oskar Matzerath über den Weg läuft. Der schüttet nämlich sofort „Waldmeister-Brausepulver" in die gern drapierte Grube und lässt es dann ordentlich schäumen, Speichelfreak, der er ist.

Züchtig bedeckt wandeln Frauen bestimmt trockener durch die sommerliche Stadt, es sei denn, sie stehen auf Schlürfzunge wie die Maria in Grass' „Blechtrommel". Damit wäre dann auch diese coole Vorstufe des Bauchtanzes erklärt, der ursprünglich ein Fruchtbarkeitstanz gewesen ist.

Klobiges Ding

Praktisch ist er ja schon, aber nicht gerade elegant, verleiht er seinen Trägern und Trägerinnen doch einen gewissen Waldschrat-Touch. Vor allem wenn sie sich mit den Armen rudernd und im Häschen-hoppel-Schritt vorwärtsbewegen. Die Rede ist vom gemeinen Rucksack, der sich von der funktionellen Bütte peu à peu zum alternativen Lifestyle-Accessoire gemausert hat.

Manche nehmen dieses klobige Ding, vermutlich auch leer, überall mit, sei es ins Kino, ins Theater, selbst ins Restaurant, wo es die ganz Eingefleischten nicht einmal beim Essen ablegen wollen, als sei es ein auf den Rücken verpflanzter Kängurubeutel. So viel Müslimarotte muss nun wirklich nicht sein; es gab mal einen, der schleppte noch mit 30 seinen Teddy im Rucksack in die Altstadtkneipe und bestellte für ihn mit.

III. Vom Essen

Ein Lob der Currywurst!

Paul Bocuse, der Begründer der Nouvelle Cuisine, hat einmal auf die Frage, was ihm denn am besten schmecke, geantwortet: ein auf die Hand geschnittenes Stück Wurst und dazu eine Scheibe grobes Schwarzbrot. Das war eine geradlinige Aussage, die Bewunderung verdient und zugleich den Verdacht nährt, dass dessen artifizielle Kreationen abgehobener Kochkunst nicht unbedingt für den eigenen Gaumen gedacht waren.

Der wahre Genuss liegt oft im Einfachen, Schnörkellosen, Unprätentiösen. Was kann es also Besseres geben als eine grundsolide, anständige, ehrliche Currywurst, die nichts verspricht, aber alles hält, die es nicht nötig hat, sich aufzuplustern, sondern bescheiden daherkommt, aber in einer Formvollendung, die ihresgleichen sucht.

Allein schon ihre Zubereitung ist ein Augenschmaus. Aus der Vakuumverpackung auf den Grill gelegt, holt sie sich einen leicht bronzenen Teint samt dazugehöriger Knackigkeit, was ihre Fans schon anerkennend mit der Zunge schnalzen lässt. Wenn sie der Zerteiler dann kurz und schmerzlos in ebenbürtige Stücke tranchiert, ein ordentlicher Klacks Ketchup noch mehr Farbe in die Pappschale bringt und zu guter Letzt ein Curryregen sich darüber ergießt, ist das frugale Meisterwerk vollendet. Da ist kein Schritt zu viel getan, keine aufgepropfte Manieriertheit am Werk, da glänzt Schlichtheit in ureigenster Natürlichkeit.

Kurz die Nase hingehalten und zwölf bis dreißig Gewürzengel trompeten einen hellwach. So viele sind laut BROCKHAUS Die Enzyklopädie allein im Curry drin: Kurkuma, Kardamom, Cayennepfeffer, Paprika, Koriander, Ingwer, Kümmel, Muskatblüte, Nelken, Zimt etc. Wenn dann wenig später der erste Bissen dem Gaumen schmeichelt, ist man nahe dran, frei nach Faust zu intonieren: „Jetzt bin ich Mensch, jetzt darf ich's sein!" Und das absolut preiswert. Auch mit wenig Kohle lässt sich der Magen bestens befeuern.

Selbst der alte Marx hätte seine Freude an der Currywurst, freilich in einem abgewandelten Sinn, denn am Imbissstand sind die Klassengegensätze für eine Weile aufgehoben, weil friedlich-kollektives Schmatzen das Feld beherrscht. Alle lassen es sich bei gleichem Input (ein paar Euro) und gleichem Output (eine Wurst samt Semmel) wohl ergehen. Da ist keiner privilegiert oder benachteiligt, denn alle verrichten die gleiche Kauarbeit.

Vegetarischer Gehässigkeit, das Schweinefleisch in der Currywurst prügle bloß die Cholesterine hoch und lasse die Arterien verkalken, ist gelassen zu begegnen, denn wer nie an einer leckeren Currywurst geschnuppert, geschweige von ihr gekostet hat, dem serviert das Leben nur Blässe statt kerniger Ketchup-

Röte. Zweimal im Monat reinbeißen wird einen sowie
die Welt schon nicht umbringen!

32

Dönerblues

Heiß geliebt wird der Döner – wenn man ihn selber isst! Das Passivdönern ist im Vergleich zum Passivrauchen zwar nicht gesundheitsschädlich, aber im Bus ziemlich gemein für des Nebenmanns Nase. Verständlich also, dass mancher Fahrer einen Döner mampfenden Zusteigenden vor die grausame Wahl stellt, entweder bleibe der Döner draußen oder gleich der ganze Fahrgast. Setzen wir voraus, dass das auch für das Grillhendl gilt. So viel Gleichbehandlung muss sein!

Leider entscheiden sich dann einige Zeitgenossen fürs Mitfahren und gegen das Aufessen, und der Döner landet halb angeknabbert im Mülleimer der Haltestelle. Angesichts der kärglichen Nahrungsmittelsituation in vielen benachteiligten Haushalten der Ersten, Zweiten und Dritten Welt ist das ein unanständiges Verhalten.

Warum nicht in aller Ruhe und Döner genießend zum nächsten Haltepunkt flanieren und den nächsten Bus nehmen. Etwas Bewegung hat noch niemandem geschadet, und im Laufen lässt es sich auch reinbeißen. Das gilt natürlich auch für das Grillhendl!

Risotto Mare und Orangensaft

Notgedrungen wird man zum unfreiwilligen Zuschauer beim Mittagessen im Ristorante gleich um die Ecke, wenn von Montag bis Freitag dasselbe Liebesdrama aufgeführt wird und kein Ende der Vorstellungen in Sicht ist.

Sie wirbelt schon durchs Gemäuer, bevor er kommt. Die Kurventechnik ist atemberaubend, vor allem weil nichts runterfällt. An ihrem langen, pechschwarzen Pferdeschwanz kann man wunderbar die Gesetze der Fliehkraft studieren. Sie ist nicht auf der Welt, um zu kellnern, sondern den Männern den Kopf zu verdrehen. Leider auch den falschen. Das weiß sie natürlich.

Dann kommt er, so ein Falscher. Mausgrau, untersetzt, Haarkranz und doppelt so alt wie sie, sprich: 60! Setzt sich in die dunkelste Ecke, damit ihr Licht dort am hellsten erstrahle. Zunächst ignoriert sie ihn wie immer, dann erbarmt sie sich, und das Spiel beginnt von vorne. Was er denn heute möchte?! Mehr Befehl als Frage. Er flötet, was er immer flötet: „Suchen Sie etwas für mich aus, bitte!" Welch alberne Strategie! Quasimodo schmachtet Esmeralda an, und die will wieder nicht. Das zeigt sie ihm.

Sie greift zur Speisekarte, schließt die Augen, schlägt blind eine Seite auf, tippt blind mit dem Finger auf eine Stelle, öffnet die Augen und liest vor: „Risotto Mare!" Mit der Getränkekarte macht sie es genauso: „Orangensaft!" Er nimmt es hin wie immer und schaut ihr auf den Hintern, als sie Richtung Bar und Küche davonrauscht. Wie mag das bloß enden, denn morgen kommt er ja wieder?

Bei Thomas Mann endet es tragisch. Sein kleiner, von der Natur stiefmütterlich behandelter Herr Friedemann verguckt sich auch in eine viel zu schöne Frau, die ihn bei der ersten körperlichen Annäherung einfach zu Boden schleudert. Diese Demütigung verkraftet er nicht und ertränkt sich. Man sollte dem O-Saft-Helden diese Novelle diskret auf den Tisch legen.

Eine kleine Schokoriegelei

Zugegeben, er schmeckt, der Schokoriegel. Wenn diese Mischung aus Kakao, Milch, Honig, Karamell, Nüssen und Zucker die Geschmacksnerven kitzelt, dann lachen Speiseröhre und Magen, denn sie wissen – plumps –, gleich gibt es was Leckeres. Kann da Süßes Sünde sein?

Es kann, denn das war gerade eine ausgesprochen schöngefärbte Betrachtungsweise. Ernährungsphysiologisch und zahnmedizinisch gesehen ist das Schnabulieren eines schokoladenen Riegels schlichtweg Unsinn: Der Körper braucht ihn nicht, und die Zähne fürchten ihn. Also weg damit!

Nix weg damit, denn das war jetzt eine ziemlich strenge Beurteilung. Nicht unterschlagen darf man nämlich den gesamtwirtschaftlichen Aspekt der Riegelnachfrage, und da sieht die Sache schon wieder anders aus. Die Ausgaben des einen sind halt immer die Einnahmen des anderen, und wenn der gesundheitsbewusste Verbraucher den 99-Cent-Riegel im Regal liegen lässt, verschlechtert sich der Umsatz des Supermarkts um eben diesen Betrag.

Sollte das ein paarmal geschehen, storniert der Marktleiter die anstehende Riegellieferung beim Hersteller, was diesen ob der sinkenden Nachfrage dazu bringt, über seinen Personalstand nachzudenken. Die entlassenen Mitarbeiter kaufen dann erst recht keinen Schokoriegel, und die Gäule der Konjunktur wollen erst recht nicht saufen.

Notwendig wäre folglich, in jeder freien Minute besagten Riegel zu verschlingen, bis sie einem aus den Ohren sprießen. Nur so läuft die Wirtschaft rund, und das erfreut nicht nur den Schokoriegelfabrikanten, sondern auch Arzt und Zahnarzt.

König, Bürger, Bettler?

Mutter hat sie immer aufgesagt, die goldene Essensregel, wenn die Gedanken des Morgens schon beim Schulbus und nicht mehr bei Kaba und Haferflocken waren: Frühstücken sollst du wie ein König, Mittagessen wie ein Bürger und Abendessen wie ein Bettler! Mittlerweile haben sich die Zeiten und mit ihnen die Gewohnheiten geändert, und diese Norm hat heute mit der Wirklichkeit so viel zu tun wie der Mond mit einem Stück Marzipan.

Gefrühstückt wird so gut wie gar nicht, denn die Monarchie ist abgeschafft. Bestenfalls wird zwischen Tür und Angel zur Freude der Magenschleimhaut ein Espresso hinabgejagt und zur Liebkosung der Lungenflügel synchron an der Kippe gesaugt. Dermaßen gestärkt kann kommen, was will, denn man fühlt sich als Fels in der Vormittagsbrandung.

Spätestens in der Mittagpause lässt auch die einmal nach, und da wäre es eigentlich angebracht, sich gut bürgerlich den Magen zu füllen. Doch die To-go-Kultur liebt es eher kleinbürgerlich: eine Runde im Gewerbegebiet gedreht mit einem Käsebrötchen oder einer halben Pizza oder einer Schneckennudel in der Hand und sich eingeredet, zweimal warm sei zu viel, denn richtig reingehauen werde ja abends.

Wie im Märchen wird dann der Bettler zum König, und royale Blutströme fließen gen Magen, denn das tagsüber aufgestaute Hungergefühl verlangt nach der dementsprechenden Menge, und die muss schließlich verdaut werden. So schließt sich der Kreis, denn wie soll man am nächsten Morgen Hunger haben, wo man doch gerade das ächzend losgeworden ist, was man sich Stunden zuvor üppig reingeschaufelt hat.

IV. Hin und her

Eine leichte Sommermelancholie

Die Kerosinvögel eilen zielstrebig durch das Blau, um Erlebnishungrige und Glücksuchende schnell von der Wärme in die Wärme zu bringen. Im Handgepäck ein Wunschzettel voller Erwartungen, die sich bitte schön erfüllen mögen. Unsereins liegt dagegen müßig im heimischen Gras, verfolgt die Kondensstreifen gen Süden, bis sie sich in der Weite des Horizonts verlieren, und sinniert übers Wegfliegen und Dableiben, während drum herum die Hummeln brummen und die Grillen zirpen.

Trällert der Volksmund nicht, dort, wo du nicht seist, wohne das Glück? Düste ich also ans Mittelmeer, bliebe Fortuna im heimischen Garten, und suchte ich Schatten unter hiesigen Pflaumenbäumen, weilte diese Dame an südlichen Gestaden. Das ist eine ernüchternde Erkenntnis, die auch Bertolt Brechts Märchen vom Königssohn bestätigt.

Anstatt einer Schimäre vom wartenden Glück unter südlichem Gestirn hinterherzujagen, bleibe ich doch lieber hier und erfreue mich am Hier und Jetzt, das sich spendabel zeigt: „Die Seen hell, die Himmel weich, / die Äcker rein und glänzen leise" (Gottfried Benn).

Hohler Bauch oder schwerer Kopf?

Der eine lächelt souverän und meint: „Höchstens zwei Stunden!" Die andere gesteht zerknirscht: „Mindestens zwei Tage!" Um was es geht? Na, ums Kofferpacken! Des einen Lust, der anderen Frust! Was bei ihm wie von selbst geht, wird bei ihr zur Kärrnerarbeit. Hier aus dem hohlen Bauch einfach reingepfeffert, dort mit schwerem Kopf durchgespielt und kombiniert und dabei dem Wahnsinn ziemlich nahe.

Am Zielort angekommen, stellt der Bauchmensch erfreut fest, nichts vergessen zu haben, während der Kopfmensch vor Ärger in die Kofferschale beißen könnte, weil er dies und jenes völlig unbegreiflich nicht mitgenommen hat. Vermutlich lag das daran, zu viel Nachdenken für Kleinkram wie die Reiseapotheke aufgewendet zu haben, das dann woanders fehlte. Wenn man so überlegt, was man sich alles in der Ferne einfangen könnte – und dann doch nicht kriegt. Mit manch mitgeschlepptem Arzneivorrat ließe sich eine ganze Elefantenherde kurieren. Andere lässt das kalt. Im Krankheitsfall vertrauen sie auf die Apotheke oder den Arzt vor Ort.

Die Plackerei mit der ineffizienten Kofferpackerei ließe sich vermeiden, wenn man sich bei der Rückkehr aufschriebe, was man an Nichtbenötigtem hin und her transportiert hat. Oberbekleidung wird im Koffer nicht unbedingt schöner, und ist der Haufen an Ungetragenem beträchtlich, hat man etwas falsch gemacht. Überhaupt ist so ein mobiler Minischrank ruckzuck ausgepackt, und da darf man sich schon wundern, warum das Einpacken 20-mal länger gedauert hat.

Das alles ficht den Bauchmenschen nicht an. Er kommt bestens ohne Liste aus, verfügt über ein goldenes Reinschmeißerhändchen und in diesem Fall über einen vorteilhaft unterentwickelten Ordnungssinn. Ein schlichtweg beneidenswerter Typ, solange er nicht den Reisepass zwischen die Unterwäsche knallt und deswegen beim Einchecken zur Freude der Mitfliegenden öffentlich Wühlarbeit verrichten muss.

Meereslust ... Meereskuss!

Das Wasser glitzert, als würden unablässig kleine Sterne draufprasseln. Es gluckst und plätschert und rauscht, wirft sanfte Wellen auf Kies und Sand. Die Boote schaukeln und die Bojen schaukeln. Die Möwen sitzen wie Enten auf dem Nass und schaukeln auch. Der Mensch wird unruhig unter dem Sonnenschirm: Meereslust! Folglich steht er auf und watschelt gemächlich Richtung Wasser.

Zunächst ganz vorsichtig die Füße eingetaucht; das Gehirn signalisiert: frisch! Also langsam bis zum Knie, dann bis zum Bauchnabel, weiter von der Vertikalen in die Horizontale. Jetzt prustend Arme und Beine kräftig durchgezogen, einmal, zweimal, dreimal, dann auf den Rücken gedreht: toter Mann. Nun schaukelt der Mensch mit – und freut sich!

Oben blau, unten blau, vorne Weite, hinten Strand, Wellenspiel, Silberflimmer, Meereskuss ... von einer Riesenqualle! Über den Bauch geglibbert! Ekelhaft! Nichts wie raus! Gekrault, gespritzt, gespuckt, an Land sich wie ein Hund geschüttelt und diese Begegnung der unheimlichen Art sofort herausgeschrien. Offene Münder und weit aufgerissene Pupillen als Reaktion sind einem gewiss.

Der Mensch liegt wieder unter dem Sonnenschirm und beäugt misstrauisch das Meer. Nicht dass die Qualle irgendeinen Schaden angerichtet hätte, sie war harmlos. Aber das Idyll ist keines mehr, denn es birgt den Schrecken. Romantik pur, schlussfolgert der Mensch, gibt es wohl nur als Wunschvorstellung.

Wieder daheim ...

... begrüßen einen die lieben Nachbarn nicht mit „Kalimera! Wie geht es dir?", sondern mit „Guten Morgen! Und vergessen Sie die Kehrwoche nicht!" Das Frühstück steht nicht schon auf dem Tisch, sondern muss selbst zubereitet werden, weil der Herr wieder sein eigener Knecht ist, und der Tag wird nicht sonnig, sondern bewölkt.

Der morgendliche Blick vom Balkon schweift nicht über einen pinienbestandenen Strand und funkelndes Meeresblau, sondern über deutschen Wald, was die Stimmung eher dämpft, als sie hebt, wenn man an die unheimlichen Märchen denkt, die in ihm spielen. Die vormittäglichen Schritte lenkt man nicht gen Hafen, wo bunte Boote mit gelben Netzen drauf im Wasser schaukeln, sondern gen Arbeitsstätte, wo bestimmt ein Kollege spöttisch meint, man sei ja gar nicht braun, was einen irgendwie ärgert, und ein anderer süffisant bemerkt, man sei ja ganz toll braun, was einen auch ärgert, weil das unterstellte hirnlose Dauerbraten in der prallen Sonne deine Sache nicht war.

Die Mittagspause naht, und statt in einer urigen Taverne arbeitet man durch, und nachmittags schwimmt man nicht im Meer, sondern trägt weiter die Halde ab, die sich auf dem Schreibtisch türmt. Abends schreitet man dann kein kilometerlanges kalt-warmes Buffet ab und wundert sich nicht, was man so alles draufschaufeln kann, sondern lässt das Fertiggericht traurige Runden in der Mikrowelle drehen.

Dann kommt nicht die Nacht so wunderbar lau und sternefunkelnd und man sitzt nicht an einem runden Tischchen nahe der Mole und nippt nicht an einem kühlen Gläschen Rosé, sondern zieht sich erst einmal die Jacke über, bevor man sich nach draußen traut und verzweifelt in das Dunkel schreit: „Ich will wieder zurück!"

Später liegt man dann schwermütig im Bett, hadert mit dem Schicksal und bemerkt auf einmal, dass man nicht von Schnaken attackiert wird, sondern dass man ruhig einschlafen kann. Verstohlen gesteht man dann seinem Kopfkissen, dass man nur aus diesem einen winzigen Grund, tausend Gründe sprechen schließlich dagegen, doch ganz froh sei, wieder daheim zu sein.

Der Herbst des Schwimmers

„Wie lange noch?" lautet die bange Frage, die nun ständig gestellt wird. „So lange es noch schön ist, bleibt das Freibad offen", verheißt dann die freundliche Antwort der Zuständigen an der Kasse und am Beckenrand. Sehr schön ist es da draußen im Grünen, seitdem die Sonne nicht mehr nahe dem Hundsstern steht, die Massen sommersatt fernbleiben und das wackere Häuflein der wahren Genießer ruhig und glücklich seine Bahnen zieht.

Weit und breit kein fremdes Bein, das in die Rippen stößt, beinahe ein Privatpool, und noch mal eine Bahn, bis der seelische Vorratsspeicher bis oben hin gefüllt ist. Man zehrt davon monatelang, man muss es nur glauben! Ob der gelegentlichen Windstöße wird schon mal präventiv eine Badekappe aufgezogen, liegen Bademäntel über den sonnenausgerichteten Banklehnen, und eine Thermoskanne steht parat. Man weiß ja nicht, ob beim Rauskommen doch der Schnattermann dräut.

Dafür ist die Stimmung jetzt beschaulich, sogar ein bisschen melancholisch. Besonders im Nachmittagslicht, wenn im mäßig frequentierten Becken das Wasser funkelt, der Wasserpils silbern rieselt und dem Ohr zuflüstert. Entspannend wirkt, fast frei von Leibern, das umsäumende Grün, denn nur ein kleiner Rest, der sonnigste, ist okkupiert von den letzten Freiluftschwimmern, die dem vergehenden Sommer ihre Reverenz erweisen und seine erlahmenden Liebkosungen zu schätzen wissen. Mon ami, bis zum Mai nächsten Jahres ist's lang!

Ein erstes gelbes Blatt, das auf dem Wasser zittert, die wenigen, verloren wirkenden Kleiderbügel auf langem Gestänge, teilweise verschlossene Umkleidekabinen und spärlich belegte Park- und Fahrradstellplätze künden von baldiger Pfortenschließung. Der Herbst des Schwimmers ist angebrochen, und das baldige Ade wird innerlich eingeübt. Immerhin reserviert ein menschenfreundlicher Bademeister einem den gewohnten Saisonschrank auch für nächstes Jahr, was die Sache nur noch halb so schlimm macht.

Alljährliche Südseeflausen

Die Sonne wird schwächer, die Tage kürzer, die Nächte länger, und das dunklere Halbjahr droht mit grau in grau, mit dem Abschied von der „Hochzeit des Lichts" (Albert Camus). Prompt wünscht man sich das Kontrastprogramm: „Südsee"! Kaum einer, der sich diese Grille versagt und die Gedanken nicht schwiemeln lässt. „Südsee" steht hartnäckig für das vermeintliche Paradies auf Erden, natürlich auch meteorologisch, und für die Einbildung, in der Ferne das zu bekommen, was die Nähe offensichtlich nicht gewährt.

Die Bücher von Robert Louis Stevenson und Hermann Melville sowie die Bilder von Paul Gauguin und Max Pechstein taten das ihre, um die diesseitige Verortung des Garten Eden voranzutreiben: traumhafte Inseln in der Weite des Stillen Ozeans mit Stränden aus Puderzucker und sanft im Wind sich wiegenden Kokospalmen unter einem ewig blauen Himmel. Der Mythos vom ewig glücklichen Südsee-Insulaner wurde gleich mitgeliefert. Lebt der aber wirklich in einem vom „Schmutz" moderner Zivilisation bewahrten Idyll?

„Am Abend aßen wir die Fische, und sie schmeckten bitter. Das Wasser war gelb und die Kokosmilch sauer. Das gab uns zu denken." Radioaktiver Niederschlag war auf das Bikini-Atoll niedergegangen, von 1946 bis 1969 nukleares Testgebiet der Amerikaner.

Die Franzosen probten atomar auf dem Mururoa-Atoll und verseuchten die Unterwasserwelt nachhaltig.

Apropos Französisch-Polynesien! Auf Tahiti sehen die „ewig glücklichen" Einheimischen den verstärkten Einfall sehnsuchtstrunkener Touristen mit Bangen. Je mehr Swimmingpools trotz gelegentlicher Wasserknappheit gefüllt werden, desto weniger Wasser steht den Kleinbauern zur Verfügung. „Erzählt in Europa, dass es hier immer regnen würde, damit die Touristen nicht mehr kommen", zitiert der Schweizer Soziologe und Tourismusforscher Ueli Mäder die Betroffenen. Er schreibt auch, dass die tahitische Hauptstadt Papete von Slums umgeben und von trostlosen Siedlungen durchsetzt sei. Viel Schatten im Paradies! Lassen wir also die alljährlichen Südseeflausen sein, denn die Wirklichkeit ist etwas anderes!

V. Reflexionen

Schein und Sein

Die Dinge sind oft nicht so, wie wir sie empfinden. Die Katze, die miauend und mit hoch gestelltem Schwanz um die Beine streicht, hat einen nicht wirklich lieb, sondern bloß Hunger. Der Papagei im Käfig spricht nicht aus guter Laune, sondern weil er traurig ist. Und das Pferd springt nicht aus Spaß über den Oxer, sondern weil es dazu gezwungen wird.

So viele Krokodile gibt es gar nicht, wie der Nachbar Tränen vergießt, weil Ihr Auto des Nachts zerkratzt wurde. In Wirklichkeit ist er froh darüber, dass seine Karosse, die daneben- stand, unangetastet blieb. Der Versicherungsvertreter, der sich bei Ihnen selbst ein-lädt, kommt nicht, um Sie objektiv über den besten Schutz zu informieren, sondern um subjektiv die höchstmögliche Provision herauszuschlagen.

Hightechdrohnen treffen angeblich metergenau ihr Ziel, um das Böse zu neutralisieren. Wir sehen keine Bilder von Al Dschasira oder Abu Dhabi TV, die ver-stümmelte Zivilisten zeigen, weil mal wieder „bedau-erlicherweise" eine afghanische Hochzeitsgesell-schaft ausgelöscht wurde. Wir sehen, was wir sehen sollen: Krieg als sauberes und nicht als widerwärtiges Handwerk.

Neulich saß ein Berber in der Fußgängerzone, vor sich ein Stück beschrifteter Pappe: Bitte um eine Spende, bin in Not!" Ein Passant fragte ihn, ob er Hunger habe. „Nein“, antwortete der Bettelnde, „ich brauche etwas zu trinken, damit meine Hände nicht mehr zittern!“ So viel Sein wird nicht belohnt – der Neugierige geht einfach weiter.

Zurück in die Jugend?

Erschiene sie denn, jene viel gerühmte Fee, und offerierte nochmals den süßen Vogel Jugend, ich wüsste nicht, ob ich ihn haschen würde. Verlockung hin oder her, aber die Besonnenheit und die Gelassenheit des Alters haben gegenüber dem Sturm und Drang des Jungseins auch ihre Vorzüge, und die Hürden, die sich ins letzte Viertel der Lebensbahn schieben, erscheinen einem nicht mehr so hoch.

Das wehmütige Zurückschauen ist überhaupt so eine Sache, denn je weiter es weg ist, desto schöner scheint es gewesen zu sein. Dabei ging der Marsch durch diese Jugendjahre bestimmt bei den meisten nicht ohne Knüffe und Püffe ab, die wieder zu bekommen nicht gerade ein erstrebenswertes Ziel ist. Andererseits geht es nur auf rauen Wegen zu den Sternen. Man muss in der Regel schon einiges erdulden, um seinen Fuß in ein irdisches Paradies setzen zu können. Das erste Verliebtsein inklusive Liebeskummer, jene bittere Süße, ist so eine zwiespältige Erfahrung. Soll sie wirklich noch einmal gemacht werden? Goethes junger Werther kommt da nicht mehr heil heraus.

Oder der erste Rausch, der einem napoleonische Allmachtsgefühle verleiht: Die Welt gehört mir! Absolut erhebend – bis zum unweigerlichen Absturz, wenn sich jäh die Übelkeit einstellt und der meilenweite

Weg zur gekachelten Räumlichkeit beim besten Willen nicht mehr zu schaffen ist. Der Perserteppich kriegt es dafür ab, und das elterliche Donnerwetter wird zum persönlichen Waterloo. Ist man wirklich noch einmal scharf darauf? Und ich will auch keine Fünf mehr in Mathe bekommen, im Tanzkurs wegen kreativer Schritte nicht noch einmal vor allen verspottet werden, keinen zweiten Elfer beim Klassenkick verschießen und auf keinen Fall bei Blitz, Donner und Starkregen die Nacht im Einmannzelt wiederholen.

Wünschen würde ich mir stattdessen, liebe Fee, dass ich ab jetzt langsamer älter werde.

Zurück auf die Bäume?

Auch heute schimpft man gern auf die Jugend: Sie sei unhöflich, frech, ohne Benimm, rücksichtslos, völlig verzogen oder gar nicht erzogen usw. Überhaupt sei früher alles besser gewesen? Wirklich? Nun, schon die alten Griechen beklagten sich über die jungen Leute. Offensichtlich reibt sich Alt an Jung so gerne wie der Keiler an der Borke. Neu ist das also nicht! Dabei hätten die Erwachsenen allen Grund, sich selbst an die Nase zu fassen, denn wie sie tagtäglich die guten Umgangsformen vermissen lassen und im Rübezahl-Stil durch den Alltag stapfen, geht nicht auf die berühmte Kuhhaut.

Kaum einer von ihnen hält einem heute noch die Tür auf. Ist man durch den Rahmen marschiert, interessiert nur noch, was vorne kommt, und nicht, was hinten folgt, auch nicht, wenn es mit einer platten Nase enden könnte. Im Zeitalter der Ich-Anbetung ist jeder sein eigener Portier. Wozu höflich sein, wenn es die anderen auch nicht sind!

Auf der Straße überbietet sich die Erwachsenenwelt im Rotzen, Rülpsen und Spucken, dass es den Teufel graust. Von guter, alter Kinderstube keine Spur. Auch husten oder niesen die wenigsten in den Ellbogen, vielmehr wird das Ganze in die Tiefe des Raums geschleudert. Da feiert eine Primitivität fröhliche Urständ, die kulturgeschichtlich längst als überwunden galt. Droht der Weg zurück auf die Bäume, der Rückfall in den „Krieg eines jeden gegen jeden", wie es Thomas Hobbes ausgedrückt hat?

Man könnte fast meinen, diese anbrechende egomanische Eiszeit sei Ausdruck einer aggressiver werdenden bürgerlichen Konkurrenzgesellschaft, in der man sich auf erlaubte Weise schon immer ein bisschen bekämpfen durfte. Jetzt haut man sich neoliberal entfesselt krachender auf die Häupter und beklagt sich, dass die Jungen das nachmachen, was sie den Älteren abgeschaut haben. Wer erzieht heute bloß die Vorbilder, die längst keine mehr sind?

Für ewig vermaledeite Fünf?

Dr. Kern war Deutschlehrer in der Oberprima, und er gab niemals eine Fünf, weil er kategorisch ausschloss, dass Schüler und Schülerinnen, die bei ihm Unterricht haben durften, jemals in die Verlegenheit kämen, eine solche zu schreiben. „Mangelhaft" gab's dafür in Mathe und Physik, und das Erleiden dieser Notenscheußlichkeit lässt einen im weiteren Leben alles „Fünfige" vermaledeien wie zum Beispiel das fünfte Rad am Wagen, die fünfte Kolonne, das Fünftagefieber oder den lästigen Fünfuhrtee.

Zu Unrecht allerdings, denn ein belebender, frischer, dynamischer fünffüßiger Jambus ist andererseits etwas Schönes, vor allem wenn er sich reimt: „Nur, ob der Mann noch da ist, noch so scharf / Sie anzuschaun sich unterstehen darf?" (Wieland, Klelia und Sinibald). „Die Fünf Großen Dinge" als Zeichen eines bescheidenen Wohlstands versprach einst der Große Vorsitzende und Steuermann Mao Zedong seinen Gefolgsleuten, wenn sie brav nach seinen Leitgedanken handelten und permanent Revolution machten: ein Fahrrad, eine Armbanduhr, ein Radio, eine Nähmaschine und einen Kugelschreiber. Für arme Bauern durchaus eine Verheißung.

„The Big Five" steht auf einer Ansichtskarte, die es überall in Südafrika zu kaufen gibt und die die vierbeinigen Highlights des Krüger-Nationalparks abbildet: Löwe, Leopard, Büffel, Nashorn und Elefant. Wer alle fünf vor die Fotolinse bekommt, darf sich glücklich schätzen und wird hochzufrieden den Heimflug antreten. Auch Real Madrids legendäre „Magische Fünf" lässt Fußballfreunde wehmütig werden, wenn sie an Ronaldo, Zidane, Figo, Roberto Carlos und Raul denken. Wenn das keine Ehrenrettung der Fünf ist!

Aber es geht noch weiter! Fünf Finger hat die Hand, fünf Zehen der Fuß, fünf Sinne der Mensch und fünf Verfassungsorgane sowie fünf Weise dieses Land. Und wenn seine Bürger gut aufgelegt sind, lassen sie schon mal fünf gerade sein. Also, ihr Pauker der Republik, nehmt euch Letzteres zu Herzen!

Stachanow und AIDA

In der Nacht vom 30. zum 31. August 1935 geschah etwas Ungeheuerliches in einer Zeche des Donez-Steinkohlebeckens. Der sowjetische Bergarbeiter Aleksej Grigorjewitsch Stachanow fuhr zu seiner Schicht in die Grube ein und förderte 102 Tonnen Kohle, was dem 13fachen der Arbeitsnorm entsprach, die während des zweiten Fünfjahresplans 1933 bis 1937 festgelegt wurde. Die KPdSU hatte ihren Helden der Arbeit und wusste dessen Superleistung propagandistisch auszuschlachten: Überall in der stalinistischen Modernisierungsdiktatur war nun von Planübererfüllung die Rede.

Von heutiger Warte aus betrachtet, wirkt dieser bolschewistische Stollenberserker zunächst skurill. Doch wenn man sich Max Webers (1864-1920) Aufsatz „Asketischer Protestantismus und kapitalistischer Geist" vergegenwärtigt, erkennt man hinsichtlich der kompromisslosen Arbeitsethik gewisse Parallelen. In beiden Fällen ist die Arbeit Selbstzweck des Lebens schlechthin, ist asketische Tat wider „das unbefangene Genießen des Daseins", wie es der große Soziologe ausdrückt.

Auch der heutige Heimwerker ist glücklich, wenn er nach dem Bohren, Hämmern und Sägen fix und fertig ist. Diese masochistische Arbeitsethik sollte der Baumarkt für seine Zwecke nutzen, und zwar durch ein Riesenplakat, auf dem riesengroß zu lesen ist: „Heute schon gestachanowt*?" Darunter steht dann: „Die Leistungsexplosion mit unserem Werkzeug!" und als Sternchenzeile: „A. G. Stachanow, der seine Arbeitsnorm um 1300% übertraf!"

Das Ganze funktioniert dann nach der sogenannten AIDA-Regel, wonach die Wirkungsstufen der Werbung in Attention (Aufmerksamkeit), Interest (Neugier), Desire (Begehren) und Action (Kauf) unterteilt werden. Bei 1300% Übersoll werden selbst eingefleischte Antikommunisten nachdenklich, was allemal der Völkerverständigung dient!

Der Glanz der Heringe

Natürlich kann man behaupten, der Mond bestehe aus gefrorenem Eierlikör, auf vorbeiziehenden Wolken sitzen Harfe spielende Engel und der Zollerngraben bebe, wenn der Teufel Schluckauf habe, so wie man generell jeden Unsinn behaupten kann!

Folglich kann man auch behaupten, die neoliberale Abrissbirne, die in die Architektur des Wohlfahrtsstaates krache, sei eine Reformbirne und diene der Verbesserung des Bestehenden, so wie man weiter behaupten kann, der Transfer öffentlicher Gelder in private Hände fördere das Gemeinwohl und nicht die Privilegierten.

Man kann auch dem Wirtschaftsliberalen Friedrich August von Hayek (1899-1992) zustimmen, der behauptet, dass in einer freien Gesellschaft „der Begriff der sozialen Gerechtigkeit im strengen Sinne leer und bedeutungslos" sei. Dieses ist allerdings eine Theorie, die in der Sozialphilosophie „eben das vorstellt, was eine sehr bekannte in der Physik ist, die das Nordlicht durch den Glanz der Heringe erklärt" (Georg Christoph Lichtenberg).

VI. Literarisches

Hölderlin goodbye!

Die Postmoderne arbeitet unaufhaltsam an der Entzauberung der Welt, überall drängt sich sachlich-dröger Realismus nach vorne, und das Lyrisch-Verklärende, jener letzte Hort des Magisch-Rätselhaften, gerät zusehends ins Abseits. Hand aufs Herz: Was bleibt uns heute noch von Hölderlins „*Sonnenuntergang*"? Machen wir die Probe aufs Exempel und laben uns zunächst an den erhabenen Worten des Dichters:

Wo bist du? trunken dämmert die Seele mir

Von aller deiner Wonne; denn eben ist's,

Daß ich gelauscht, wie, goldner Töne

Voll, der entzückende Sonnenjüngling

Sein Abendlied auf himmlischer Leier spielt';

Es tönten rings die Wälder und Hügel nach.

Doch fern ist er zu frommen Völkern,

Die ihn noch ehren, hinweggegangen.

Schön wär's, wenn's so wäre! Aber in Wirklichkeit ist der entzückende Sonnenjüngling als rostiger Klumpen zwischen den Baukränen abgetaucht – pardon: Die Erde hat sich von ihm schmählich weggedreht, um der Nacht zum Sieg zu verhelfen. Und selbst die frisch Verliebten schauen nicht mehr trunken in sein verlöschendes Antlitz, um der Wonne romantisch und voller Seelenqual entgegenzufiebern. Weit gefehlt! Man kommt am Neckarufer gleich zur Sache, und die Zungen kreisen ekstatisch in den Mündern. Dazu tönt's bestialisch aus den Boxen der Brücken überquerenden Vehikel, und goldern schimmern bestenfalls die Halskettchen der gegelten Lenker.

Auch die Leier hat ausgedient und verstaubt in irgendwelchen Heimatmuseen, denn die Abendlieder haben meist nervtötende Gitarrenfreaks übernommen, die den Abendbummel zum akustischen Spießrutenlaufen machen. Wer da durch muss, ist arm dran! Dazu tönt der Feierabendverkehr noch nach, der versucht, den schnellsten Weg zum heimischen Pantoffelkino zu finden, um dann zu erfahren, dass ferne Völker sich ganz unfromm bekriegen und darob vergessen, dem Sonnenjüngling die Ehrerbietung zu erweisen, die ihm gebührt. Nichts ist also übrig geblieben von der hehren Welt des Dichters, und das ist jammerschade!

Tanz den Lichtenberg!

Wer liebt sie nicht, diese geistvollen Gedankensplitter und geschliffenen Sentenzen (alltags)philosophischer Art, Aphorismen genannt, die flüchtige Eindrücke knapp, schlagkräftig und prägnant auf den Punkt bringen und zum Nachdenken anregen. Schon die alten Römer schätzten die als Kurzprosa daherkommenden süffisanten Lebensweisheiten und Augenblickserkenntnisse: „Quod licet Iovi, non licet bovi" – „Was Jupiter erlaubt ist, ist noch lange keinem Ochsen erlaubt." Als wahre Meister des Aphorismus gelten die französischen Moralisten des 17. Und 18. Jahrhunderts Francois La Rochefoucauld – „Essen ist ein Bedürfnis, genießen eine Kunst" – und Nicolas de Chamfort – „Man möchte ein Achilles sein ohne Ferse, aber das scheint unmöglich."

Unter den großen Aphoristikern der Goethezeit mag Jean Paul der produktivste sein, doch Georg Christoph Lichtenberg ist der scharfsinnigste, tiefgründigste und frechste. Verdanken wir Jean Paul Einsichten wie „Vor Frauenzimmern darf man bloß Männer loben", leuchtet Lichtenberg Wortlaterne ironisch-schonungslos hinter die Dinge: „Der Bauernknecht schielt nach dem Unterrockschlitz und sucht den Himmel dort, den du in den Augen suchst" oder „Unsere Erde ist vielleicht ein Weibchen" oder „Die kleinsten Unteroffiziere sind die stolzesten" und zu guter Letzt: „Leib und Seele: ein Pferd neben einen Ochsen gespannt".

Wenn Lichtenberg genüsslich seinen beißenden Spott wider den schönen Schein absondert, dreht des Lesers Gehirn Pirouetten, um dahinterzukommen. Tanz den Lichtenberg! Und wozu das Ganze? Schlag nach bei Lichtenberg: „Ich weiß nicht, ob es gut wird, wenn es anders wird, aber ich weiß, dass es anders werden muss, wenn es besser werden soll." Auch der sonst so dröge G. W. F. Hegel will sich da in der Rolle des Spruchbeutels nicht hintanstellen und traut sich was: „Die Lorbeeren des bloßen Wollens sind trockene Blätter, die niemals gegrünt haben."

Zitierkunst und Liebestaumel

Er biegt links um die Ecke, sie biegt rechts um die Ecke, schon treffen sich die Blicke, knisternde Spannung liegt in der Luft, und dann geht es ihm wie Leander, dem es jäh die Sprache verschlägt, als ihm die Wasser holende Hero über den Weg läuft. Schlag nach bei Grillparzer: „Des Meeres und der Liebe Wellen"! Was also tun, guter Mann, wenn plötzlich eine Aphrodite vor dir steht?

Bei Lenin nachzuschlagen bringt gar nichts: bloßer Revolutionsschmus! Aber vielleicht bei Altmeister Goethe? „Mein schönes Fräulein, darf ich wagen, / Meinen Arm und Geleit Ihr anzutragen?" Ganz schön ritterlich, dieser Faust, aber zunächst nicht erfolgreich: „Bin weder Fräulein, weder schön, / Kann ungeleitet nach Hause gehen." Das nennt man einen klassischen Korb, den ihm Margarete hier gibt.

Aber es gibt ja noch Shakespeare! Julias verhaltenes „Hand an Hand ist frommer Pilger Kuss" kontert der ungestüme Romeo gekonnt mit „Lass Lippen tun der Hände frommen Brauch!" Und schon hängt er an der Wange. Alle Achtung! Ob das allerdings immer gut geht, sei offen- gelassen. Chuzpe erntet womöglich eine schallende Ohrfeige!

Bleibt uns der kultivierte Ovid. Mit seiner „Liebeskunst" unterm Arm kann Mann gepflegt versuchen, „die Erkorene zu gewinnen", falls er schnell genug mit dem Blättern nachkommt, wenn sie tatsächlich rechts um die Ecke gebogen ist. Was die Römerin von damals schmelzen ließ, sollte bei der Dame von heute auch gelingen, nämlich mit der Macht des gestochenen Wortes mitten ins Herz zu treffen. Allerdings sollte Mann vorher etwas für die Stimmbildung tun, denn nur professionelles Zitieren garantiert den wahren Liebestaumel!

Eine kleine Frühlingsanthologie

Manchmal ist das, was wir wettermäßig im Frühling erleben, nicht unbedingt frühlingshaft, und würde nicht schon vereinzelt Farbiges dem Auge schmeicheln, wäre es beinahe zum Weinen. Zum Glück bleibt uns die Lyrik des 18. und 19. Jahrhunderts, die Frühlingserleben stimmungshaft auszudrücken weiß.

„Aus Wollust küssen einander die jungen Blüten und hauchen / Mit süßem Atem sich an." Christian Ewald von Kleist hat so betörend gedichtet, und Matthias Claudius steht ihm nicht nach: „Einen Blumenkranz um Brust und Haar / Und auf seinen Schultern Nachtigallen". Welch wortgewaltige Metaphorik! Novalis, der Schelm, spürt es woanders heftig kribbeln: „Ein freundlich Mädchen kam gegangen / Und nahm mir jeden Sinn gefangen!"

 Bei Clemens Brentano schlagen die Frühlingsgefühle eher in Schwermut um: „Wenn nun rings die Quellen schwellen, / Wenn der Grund gebärend ringet". Ludwig Uhland bevorzugt wiederum die heitere Tonlage: „Die linden Lüfte sind erwacht, / Sie säuseln und weben Tag und Nacht". Und auch Joseph von Eichendorff schwingt gern die leichte Feder: „Übern Garten durch die Lüfte / Hört ich Wandervögel ziehn".

Springen wir ins 19. Jahrhundert und lassen Nikolaus Lenau zu Worte kommen: „Der Lenz hat Rosen angezündet / An Leuchtern von Smaragd im Dom". Etwas rätselhaft sind diese Zeilen schon, dafür liebt es Eduard Mörike unkomplizierter: „Die wilde Taube gurrt, der Jäger / Schmückt sich den Hut mit dem jungen Zweige." Schlecht allerdings für die Taube! Das Schlusswort gebührt Detlev von Liliencron, weist er doch aufs Spirituelle: „Der Himmel lacht, der große Knospensäer, / Und auf den Feldern klingen Osterpsalter." Heutzutage nicht mehr allüberall, sei hinzugefügt, denn wir leben in säkularen Zeiten, wo es die althergebrachte Empfindsamkeit mittlerweile schwer hat.

Wieder einmal „Rulaman"!

Theodor Heuss nannte es das beste deutsche Jugendbuch und verglich es mit dem „Robinson", aber es begeistert seit knapp 150 Jahren auch die reiferen Jahrgänge. Es ist ein packender epischer Ausflug zu den Anfängen des Homo sapiens, genauer gesagt zu den Ureinwohnern der Schwäbischen Alb, deren naturverbundenes, aber auch gefahrvolles Leben uns nähergebracht wird.

Der Autor, der schwäbische Pfarrerssohn und Zoologe David Friedrich Weinland (1829-1915), ließ sich von dem Grundsatz leiten, „nichts naturwissenschaftlich Unmögliches zu bieten und auch bei der Fiktion alles Unwahrscheinliche auszuschließen". Die Rede ist, wie kann es anders sein, von „Rulaman", jener „Erzählung aus der Zeit des Höhlenmenschen und des Höhlenbären", in deren Mittelpunkt die aufregenden Abenteuer eines Urzeit-Juniors stehen. Man sollte in diesem spannenden und lehrreichen Buch wieder einmal schmökern und sich zusätzlich an den Illustrationen erfreuen.

Also PC, Tablet und Smartphone ausgeschaltet, in den Sessel gelehnt und losgelegt: „Es war vor tausend und abertausend Jahren. Die Eiszeit war an ihrem Ende, die Erde wieder wärmer, die Sonne mächtiger geworden …"

Schöner als die Nike?

Im Sommer 1912 fuhr der italienische Schriftsteller Filippo Tommaso Marinetti im offenen Wagen durch Berlin, schmetterte lauthals „Es lebe der Futurismus!" und brachte enthusiastisch abgefasste Manifeste unters staunende Volk. Da hieß es dann: „Besingen werden wir (...) die Fabriken, die mit ihren sich hochwindenden Rauchfäden an den Wolken hängen; die Brücken, die wie gigantische Athleten Flüsse überspannen, die in der Sonne wie Messer aufblitzen; die abenteuersuchenden Dampfer, die den Horizont wittern; die breitbrüstigen Lokomotiven, die auf den Schienen wie riesige, mit Rohren gezäumte Stahlrosse einherstampfen ..."

Heute wirkt dieser Bombast, diese rauschhafte Anbetung des industriellen Zeitalters samt romantischer Verklärung des Technischen, verstörend, schimmert doch schon das Dröhnende faschistischer „Ästhetik" durch, wenn „ein aufheulendes Auto, das auf Kartätschen zu laufen scheint, schöner als die Nike von Samothrake" sei. Wer sie im Louvre gesehen hat, wie sie, wohl vom Bug eines Schiffes und dem Gegenwind ausgesetzt, einzigartig ihre Flügel ausbreitet bei sich aufbauschendem Gewand, kann über diesen missglückten Komparativ nur den Kopf schütteln. Dass Marinetti später von Mussolini protegiert wurde, wundert dann nicht mehr.

Max Frisch hat Mitte der 1950er-Jahre in seinem Roman „Homo faber" die Dinge wieder zurechtgerückt. Die „Kunstfee" Hanna hat zwar „keine Wohnung mehr", wird aber weiterleben, der Ingenieur Walter wird sterben: „08.05 Uhr / Sie kommen." Letztendlich der Sieg der Kunst über die Technik!

VII. Über die Sprache

Sprache und Logik

„Die Sprache ist ein Labyrinth von Wegen. Du kommst von einer Seite und kennst dich aus; du kommst von einer andern (...) und kennst dich nicht mehr aus." Ein bemerkenswerter Satz, der von dem Philosophen Ludwig Wittgenstein stammt. Kommen wir also „von einer Seite": Apfelsaft heißt Apfelsaft, weil er aus Äpfeln gemacht wird; Birnensaft heißt Birnensaft, weil Birnen drin sind. Bei Kirschsaft oder Tomatensaft wird's dann schon langweilig. Kommen wir nun von einer „andern Seite": Hustensaft heißt Hustensaft, weil er den Husten lindern möge und nicht etwa, weil er Husten enthält. Hier ist das Wortbildungsprinzip ein anderes. Logik der Sprache? Gibt's die überhaupt?

Versuchen wir's noch einmal – mit einem kleinen Ausflug ins Tierreich: Taube und Täuberich, Gans und Gänserich, Huhn und Hühnerich. Beim letzten Beispiel schon wieder reingefallen! Bei Tisch und Tischler, Fisch und Fischer, Bett und Bettler dasselbe. Die Suche nach einer universellen Sprachlogik wirft mehr Fragen auf, als dass sie Antworten liefert. Warum sind der Morgenstern und der Abendstern ein und dasselbe? Nämlich die Venus! Weshalb ist einer mit Köpfchen klüger als einer mit Kopf, wo doch das Diminutivum alles kleiner macht? Warum kann man auf einer Bank sitzen, aber auch ein Darlehen aufnehmen?

Wenn jemand sagt, die Butter sei im Preis gestiegen, hat er von einer aktiven Tätigkeit der Butter gesprochen. Doch die ist ziemlich passiv bei diesem Anstieg gewesen. Manchmal lässt sich mit viel Sprache wenig Logik produzieren, und es droht „die Verhexung unseres Verstandes durch die Mittel unserer Sprache". Auch das hat Wittgenstein gesagt, und der Gelehrte hat natürlich recht – vor allem in Zeiten der „alternativen Fakten"!

Die Binde-Strich-Manie

Mancher Romananfang ist zum Weinen schön: „Bis ich sechs Jahre alt war, Iolanda, kannte ich weder die Familie meiner Mutter noch den Duft der Kastanienbäume, den der Septemberwind von Buraca herüberwehte mit dem Geruch der Schafe und Ziegen …" (António Lobo Antunes: Die natürliche Ordnung der Dinge). Lassen wir allerdings zeitgeisttrendy den Bindestrich von der Kette, ist's beinahe aus mit der Poesie des Satzes: „… kannte ich weder meine Mutter-Familie noch den Kastanien-Baum-Duft, den der September-Wind von Buraca herüberwehte mit dem Schafs- und Ziegen-Geruch …"

Eine grobe Unsitte greift um sich, die den Sprachstil in die Seile prügelt: die Binde-Strich-Manie! Zwar lautet die sinnvolle Regel, dass zusammengesetzte Wörter gewöhnlich nicht getrennt werden, aber das hindert heute niemanden daran, einen ekligen Wurm zwischen zwei Wörter zu platzieren, wo er nichts zu suchen hat: Stadt-Villa, Geschenk-Gutschein, Gemeinde-Zentrum, Daseins-Vorsorge – das „s" am „Daseinsende" hängt so verloren am Wort wie das Roastbeef auf der Wäscheleine – , Sinn-Suche, Zeit-Reise . . . Kurzum: eine Liste der Tristesse! Zusammengehörendes wird auseinandergerupft wie die Mohrrübe und das Grün, wird, frei nach Walter Benjamin, so inbrünstig segmentiert, „wie ein Kannibale sich einen Säugling zurüstet". Wo führt das alles noch hin? Zum Park-Platz? Zur Leber-Wurst? Glatt ein Grund, sein Auto zu verkaufen und Vegetarier zu werden!

Exotische Ausnahmen wie Südsee-Land (polynesisch) und Süd-Seeland (dänisch) wider das Missverständnis oder das nicht gerade häufige Aufeinandertreffen dreier gleicher Vokale wie etwa bei Schnee-Eule erteilen noch lange keine Generalvollmacht zum Tranchieren. Aber wenn das Messer erst gewetzt ist, gibt es offensichtlich kein Halten. Ein anderes Übel ist die merkwürdige Lust, bandwurmlang aneinanderzureihen: Rund-um-die Uhr-Dienst, Zum-aus-der-Haut-Fahren (in der Tat!), rot-blau-gelb-grün-gepunktet, Tour-de-France-Vorjahrs-Sieger und so weiter und so fort. Warum zum Beispiel letztere Sprachklippe nicht genitivelegant umschiffen: der Vorjahressieger der Tour de France?! Oder nehmen wir die erste Unmöglichkeit – hier böte sich eine Relativsatzlösung an: ein Dienst, der rund um die Uhr geht.

Eine Lanze sei überhaupt gebrochen für den Gliedsatz! Das Gefühl, es noch nicht über die Lippen zu bringen, soll sich in einem gellenden Aufschrei entladen, wenn ein maliziöser Zeitgenosse daraus macht: das Gefühl des Noch-nicht-über-die-Lippen-Bringens. Aber im Zeitalter des Coffee to go tendiert man zum Schnellen und nicht zum Stilsicheren. Glaube bloß keiner nietzschetrunken, diese Chaoslust gebäre einen tanzenden Stern. Höchstens einen weißen Zwerg!

Rettet den Genitiv!

Er drückt im weitesten Sinn eine Zugehörigkeit, ein Verhältnis, ein Beteiligtsein aus, und zwar auf eine sehr elegante Art. Er ist der Smokingträger unter den Fällen und zugleich ein Meister des Wohlklangs in einer Welt voller Dissonanzen. Nehmen wir als Beweis einen Shakespeare-Satz: „Wie gleicht der Liebe Frühling doch der Ungewissheit eines frühen Tages im April." Die Rede ist, wie unschwer zu erkennen, vom Genitiv, und dieser edle Kasus wird heutzutage leider von allen Seiten angegangen.

Seine schlimmsten Gegner sind der plumpe Dativ und das läppische Wörtchen „von". Deswegen hat er es schwer, als substantivisches Attribut – „der Roller meines Bruders" – und als Genitivobjekt – „sie gedachten seiner" – zu glänzen. Schon Molière hat vom Leder gezogen: „Ja, unser Sprachgefühl wird täglich neu verletzt, / Syntax und Formenlehr wird schonungslos zerfetzt." Wenn der Schnabel schlecht geölt ist, fängt er an zu krächzen und artikuliert in der Tat Grausliches: „meinem Bruder sein Roller" oder „die Farbe von den Blumen" und „sie gedachten ihm" oder „hinsichtlich dem Brief".

Im tiefen Dschungel der Sprache kann es ganz schnell finster werden, folglich Geisteslampe angeknipst und Genitiv gerettet, sonst wird Shakespeares Komödie „Der Widerspenstigen Zähmung" auch noch zur sprachlichen Katastrophe: „Die Zähmung von der Widerspenstigen"! Da dreht sich der Dichter mehrmals im Grabe um, falls einem Unglücksraben diese Variante über die Lippen kommt oder gar aus der Feder fließt. Halten wir uns deshalb an Karl Kraus, der kurz und bündig formuliert: „In Zweifelsfällen entscheide man sich für das Richtige."

Allerdings sei eingestanden, dass selbst dieser Superkasus an seine Grenzen stößt. Genitivische Aneinanderreihungen wie „Das Fahrrad der Freundin des Sohnes des Bäckers ist rot" sind natürlich fürchterlich und zu unterlassen. Das geht auch anders und besser: „Der Sohn des Bäckers hat eine Freundin, deren Fahrrad rot ist." Aus drei macht zwei, und der Wesfall darf wieder leuchten!

Der Grammatikbüttel

„Ein ganz schlauer war Herr Schopenhauer" trällerte einst unbekümmert die Schlagermaid. Hätte sie dessen misogynes Traktat „Über die Weiber" gelesen, wäre das musikalisches Lob wohl unterblieben. Statt der Frauen liebte Schopenhauer die Grammatik! Für sie schmiss er sich leidenschaftlich ins Zeug, soll heißen, focht unerbittlich für deren Unversehrtheit. So forderte er einen Grammatikbüttel, der für „freche Verhöhnung aller Grammatik (...) drei Louis d'or und im Wiederbetretungsfall das Doppelte" einzuziehen habe mit der Begründung: „Ist etwa die deutsche Sprache vogelfrei, als eine Kleinigkeit, die nicht des Schutzes der Gesetze wert ist, den doch jeder Misthaufen genießt?"

So in Rage geraten, legte der Philosoph noch einen drauf. Die „Sudler" gehörten „gezüchtigt (...) wie die Schuljungen" zum Wohle der „deutschen Sprache gegen die deutsche Dummheit". Da bleibt uns heutigen Geisteszwergen, die den großen Denkern auf den Schultern stehen, damit wir weiter schauen können, zunächst einmal die Spucke weg. Verhauen zu werden, wenn zum Beispiel eine Apposition im falschen Kasus steht, mag sicher nicht mehr zeitgemäß sein, aber eine saftige Strafe für dieses Vergehen zu bezahlen schon. Für die oft klamme öffentliche Hand tut sich da eine ganz neue Perspektive auf.

Der grammatikalische Bußgeldkatalog muss natürlich seine Ordnung haben. Zwei Euro hat zu berappen, wer in einem Brief an die städtische Verwaltung den Konjunktiv unterschlägt, vier Euro, wer falsch dekliniert oder konjugiert, und sechs Euro, wer einem Substantiv den falschen Artikel verpasst. Bezahlt werden muss innerhalb einer Woche cash – der städtische Vollzugsbeamte klingelt zur Freude der Nachbarn unbürokratisch an der Haustür. Dank Schopenhauer kann so ein zusätzlicher kommunaler Haushaltsposten eingeplant werden, und die notorischen Falschparker werden weniger mürrisch ihre Knöllchen bezahlen, da geteiltes Leid bekanntlich halbes Leid ist.

Samuel und die deutsche Sprache

Der Zusammenprall war heftig, folglich hatte die Liebe keine Chance. Vielmehr ist von „Parenthesenstaupe" und „Zusammensetzungsseuche" die Rede, von „ungeordnet und unsystematisch" und überhaupt von der „schrecklichen deutschen Sprache". Aber von Anfang an.

1878 hält sich der Amerikaner Samuel Langhorne Clemens einige Wochen in Heidelberg und München auf, um im Land der Dichter und Denker den Kampf mit der deutschen Sprache aufzunehmen. Schnell stellt sich bei ihm Resignation ein, denn „man treibt völlig hilflos in ihr umher". Zu seinem Entsetzen muss er feststellen, „dass es mehr Ausnahmen von der Regel als Beispiele für sie gibt" und dass ein deutscher Durchschnittssatz „eine erhabene und ehrfurchtgebietende Kuriosität" sei. Als er von einer „König-Lear"-Aufführung außer Blitz und Donner nichts mitbekommt, poltert er los, ein Wahnsinniger müsse das Deutsche erfunden habe, das ein begabter Mensch allenfalls „in dreißig Jahren" erlernen könne.

Samuel Langhorne Clemens, besser bekannt als Mark Twain, verarbeitet diese Erfahrung auf seine Weise und ergänzt den Reisebericht „Bummel durch Europa" um den Essay „Die schreckliche deutsche Sprache", der einerseits höchst vergnüglich zu lesen ist und andererseits einen Eingeborenen wie mich etwas ratlos macht, da der Autor genau das attackiert, was an der deutschen Sprache zu schätzen ist: das Variantenreiche.

 Schrecklich ist laut Mark Twain, dem sturen S – P – Oler, also die Unsitte, im Satz die Wortarten, jeder sinnvollen Reihenfolge spottend, durcheinanderzuwürfeln, und zwar so: Subjekt, Überparenthese, Parenthese, Unterparenthese, „UND DANACH KOMMT DAS VERB (...); und nach dem Verb schaufelt der Schreiber ‚haben sind gewesen gehabt haben geworden sein' hinein, und das Monument ist fertig". Genauso schrecklich seien die trennbaren Verben wie zum Beispiel ab-reisen, „und je weiter die Teile auseinandergerissen sind, desto zufriedener ist der Urheber des Verbrechens mit seinem Werk".

Auch das Adjektiv und seine Beugung geben dem hier Flexionsungewohnten Anlass zum Spott: „Wenn ein Deutscher ein Adjektiv in die Hände kriegt, dekliniert er es und dekliniert es immer weiter, bis der gesunde Menschenverstand ganz und gar herausdekliniert ist." Da es im Deutschen zu allem Übel „mehr Adjektive als schwarze Katzen in der Schweiz" gebe, müsse ein Nichtdeutscher, der sich daran versuche, zwangsläufig irre werden. Man könnte dem Spötter entgegnen, das liege eben daran, dass es zu wenig schwarze Katzen in der Schweiz gebe.

Ein völliges Rätsel ist Mark Twain die Artikelbestimmung der Substantive, vermag er darin doch keinerlei Logik zu erkennen: „Im Deutschen hat ein Fräulein kein Geschlecht, während eine weiße Rübe eines hat." Geschenkt! Eine weitere Attacke reitet er gegen die Länge der deutschen Wörter. „Dinger" wie „Stadtverordnetenversammlungen" oder „Wiederherstellungsbestrebungen" seien „Buchstabenprozessionen", die abgeschafft gehörten. Auch geschenkt! Dafür stört den Schöpfer von Tom Sawyer und Huckleberry Finn merkwürdigerweise das muntere Hin und Her zwischen Groß- und Kleinschreibung im Deutschen nicht. Warum zum Teufel nicht?!

Gute N8

Eine alte Schriftsetzerregel lautet, dass die Zahlen eins bis zwölf auszuschreiben sind – des Schriftbilds wegen. „Er hat fünf Kilo abgespeckt" sieht schöner aus als „(…) 5 Kilo (…)", weil die „5" so nackt dasteht. Aber gerade dieses typographisch Unschöne hat es der WhatsApp-Generation angetan, denn wer es anscheinend immer eilig hat, der spart gern ein paar Buchstaben ein. Diese Hastigkeitsattitüde schlägt aber Kapriolen, denn kürzlich las ich des Abends in einer Chatnachricht „Bis morgen und gute N8!"

Falls sich diese Masche durchsetzen sollte, ergäben sich für die Zahlen eins bis zwölf ganz neue Einsatzmöglichkeiten, allerdings auf Kosten vieler Buchstaben, die dann wegrationalisiert würden und stempeln gehen müssten. Da darf man dem rheinischen Kapitalismus verstohlen nachweinen, wo doch der herzlose Neoliberalismus auch die Axt an die Lettern legt. Schöne, neue Deutschland AG?

Die sähe dann so aus: Im Supermarkt wird das L1amenbrot in Discountschreibweise angeboten, und man darf seine 2fel haben, ob's besser schmeckt. Recht betrübt 3nschauen werden die Liebhaber klassischer Musik, wenn das Kla4konzert auf diese Weise angekündigt wird. Hoffentlich greift der Pianist vor Wut nicht 5mal daneben. Die Terrarienfreunde werden sich ein neues Steckenpferd suchen müssen, weil die Fel6en solcherart geschrieben vor Kummer das

Zeitliche segnen. Aber ob, um bei Steinigem zu bleiben, Gold7 ein adäquater Ersatz ist, sei dahingestellt. Da werden selbst die 9malklugen 10mal überlegen müssen, wie man aus diesem ultraliberalen Sprachschlamassel wieder herausfindet, sonst drohen 12fingerdarmgeschwüre. Merke: Nicht alles, was up to date ist, ist auch wirklich gut!

Nachweis

Die Kolumnen erschienen um die Jahrtausendwende in der Neckar Chronik („Außerdem"), im Schwäbischen Tagblatt („Übrigens") und im Tagblatt Anzeiger („Tacheles"). Sie wurden für diese Ausgabe überarbeitet.

Autor

Helmut Essl, geb. 1955, wuchs in Reutlingen auf und studierte Germanistik und Politikwissenschaft in Tübingen. Nach dem Referendariat Aufbaustudium an der Wirtschaftsakademie für Lehrer Bad Harzburg. Er arbeitete als Korrektor, Kolumnist, Lehrer sowie Pressereferent und lebt seit 2019 im Ruhestand in Tübingen. Von ihm ist bereits erschienen: *Chronik einer Männersause und 50 weitere Ratzfatzgeschichten von A bis Z.*